AF294530

Das

ABC

der seltsamen Tiere

Ein Lesebuch für Kleine und Große

Herbert Mamat

Illustrationen: Herbert, Elín und Julia Mamat

MIX
Papier aus ver-
antwortungsvollen
Quellen
Paper from
responsible sources
FSC® C105338

Herstellung und Verlag:
BoD - Books on Demand, Norderstedt
ISBN 978-3-7448-0166-9

Kinder, lernt lesen!
Mit jedem guten Buch, das ihr lest, wird eure Welt
größer und bunter.

Für meine wunderbaren Enkelkinder Elín,
Julia und Matti

Adler Adler `Adler` **ADLER** Adler

Ein **Adler** braucht, das weiß ein jeder,

zum Fliegen wirklich jede Feder,

doch einen gab's, den stört das sehr,

und darum ging er zum Friseur.

Was er da machen ließ, war dumm,

denn jetzt läuft er zu Fuß herum,

jetzt fehlt sein schönes Federkleid,

das trug ihn doch so hoch, so weit.

Nun quälen Füße ihn und Magen.

Wie soll ein nackter Adler jagen?

CHINA

BÄR Bär Bär BÄR BÄR Bär *Bär*

Ein **Bär**, der gerne Bambus kaute,

den er dann aber schlecht verdaute,

beschloss mit einem Spießgesellen,

auf Eisenrohre umzustellen.

Nun rufen sie fast täglich an

bei der Firma Mannesmann.

Doch Bären kriegen dort kein Eisen,

drum wollen sie nach China reisen,

denn China hat, das weiß man schon,

'ne Eisenüberproduktion.

Chinchilla CHINCHILLA Chinchilla

In einer maßlos großen Villa

lebte einmal ein **Chinchilla**,

das wollt' – Man kann das wohl verstehn! –

nur einmal alle Räume sehn.

Es fasste Mut und seufzte tief

und rannte los, wobei es rief:

„Ich renn durch Flure und Etagen,

muss ich mich auch zu Tode plagen!"

Starb dann auch, ist tot für immer,

bevor es kam ins letzte Zimmer.

Dogge DOGGE Dogge **Dogge** Dogge

Ein **Doggentier** mit schwarzen Flecken

wünschte sich Flecken mit sechs Ecken.

Sein Herr, der sagt, er wollt es necken:

„Zuerst musst du sechs Schnecken schlecken!"

Da lief die Dogge um sechs Ecken

und pfiff auf Ecken an den Flecken.

Denn Schnecken nimmt ein Doggenhund

niemals, niemals in den Mund!

Sie ekeln ihn wie dich und mich,

doch sonst ist er nicht zimperlich.

Elefant *Elefant* ELEFANT Elefant

Ein **Elefant**, noch jung an Jahren,

wollt' unbedingt mal Surfbrett fahren,

sprang in die Schlaufen froh und munter

und ging natürlich sofort unter.

Jetzt steht er zornig vor Gericht

und schimpft: Die Bretter taugen nicht!

Der Richter grübelt hin und her,

dann sagt er: „Du bist viel zu schwer!

Ein Surfbrett für so große Knaben

müsste zwanzig Meter haben."

Fink FINK Fink Fink Fink FINK

Ein **Fink**, der etwas lesen konnte

(oder sich in dem Glauben sonnte),

der gründete so nebenbei

die erste Finkenbücherei.

Jetzt sammelt er in seinem Nest

Buchenblatt und Zeitungsrest.

Auch Kassenbons und Kartenspiele

hat er inzwischen ziemlich viele.

Und jeden Sonntag lädt er ein

zur Vorlesung am Wiesenrain.

MODE
FÜR
DEN
FEINEN
HERRN

GORILLA Gorilla Gorilla GORILLA

Im Zoo von Hamburg ein **Gorilla**,

der wollte eine Sonnenbrilla.

Er ging zum Arzt ins Hospital

und sagt': „Die Sonne macht mir Qual!"

Bekam die Brill', gefiel sich gut,

jetzt möcht' das Tier noch Schirm und Hut,

wünscht eine Hose mit Jackett

und denkt: Auch Lackschuh' wären nett! -

Nun schaut euch doch mal gründlich um:

Hier läuft so manch' Gorilla rum!

Hase **HASE** Hase *HASE* HASE ꞰꞲꞱꞢ

Ein **Hase** mit dem Namen Liese

fraß Gras auf einer grünen Wiese.

Da kam der Fuchs, der Schlaukopf, an

und sagt': „Ich schenk dir Löwenzahn!

Ganz zarte Pflänzchen, frisch und fein,

die sollen nur für's Lieschen sein."

Der Hase drauf: „Lass mich mal raten!

Als Lohn willst du dann Hasenbraten?"

In Zick-Zack-Sprüngen rannt' er fort.

Der Fuchs, der saß noch lange dort.

ILTIS *ILTIS* lltis **ILTIS** Iltis ILTIS Iltis

Ein **Iltis** unter einer Mauer

stank nicht und war darüber sauer.

Sein Fell roch edel nach Parfüm,

drum nannte er sich Ungetüm,

drum ging er nicht mehr unter Leute,

so weiß man nicht: Wie riecht er heute?

Hält er sich immer noch versteckt,

oder ist er längst verreckt?

Im Grunde kann ich ihn verstehn:

Ein Iltis findet Stinken schön!

Jaguar JAGUAR JAGUAR Jaguar

Ein **Jaguar** im Urwald saß,

der täglich Jägerschnitzel aß.

Weil Jäger seine Frau erschossen,

hat diese Schnitzel er genossen.

Sie seien, bildet er sich ein,

aus einem Jägerhinterbein.

Die Jäger amüsiert das sehr,

sie schleichen in dem Wald umher

schon länger als ein ganzes Jahr

und suchen nach dem Jaguar.

Kamel KAMEL Kamel Kamel KAMEL

In einem Zirkus ein **Kamel**,

das konnte singen ohne Fehl,

das rechnete das Einmaleins

und spielte das Klavier wie keins.

Doch als es Handstand machen sollte,

da weigerte es sich und grollte,

da schimpft es mit dem Chef und spricht:

„Nein, einen Handstand mach' ich nicht,

denn über das, was Künstler machen,

soll man staunen und nicht lachen!"

Lama LAMA LAMA Lama Lama

Ein **Lama**, tüchtig, doch sehr schüchtern,

fuhr zum Kunstspucken nach Schlüchtern.

Es spuckt' im Bogen, um drei Ecken,

spuckte voll ein Badebecken,

gewann das Weit- und Höhenspucken,

ließ aber niemand dabei gucken.

Nun streiten sie im Preisgericht:

Kriegt es die Preise oder nicht?

Hängt man auch ohne Publikum

dem Lama die Medaillen um?

Maus MAUS 𝔐aus **Maus** MAUS

In einem Haus lebt eine **Maus**,

die isst nie ihren Teller aus.

Ob Speck, ob Würste oder Käse,

sie rümpft bei allem nur die Nese,

doch gibt es Königsberger Klopse,

leckt völlig blank sogar den Topp se*.

Jetzt überlegt die Mäusemutter:

Was biete ich dem Kind als Futter?

Soll ich wirklich über Wochen

nur Königsberger Klopse kochen?

*Auf Hochdeutsch: Sie leckt sogar den Topf völlig blank.

NASENBÄR Nasenbär NASENBÄR

Ein **Nasenbär** mit Namen Peter,

der war ein rechter Schwerenöter;

selbst Kodiak- und Grizzlybären

ließ er Komplimente hören.

Jedoch fand er die schönsten Worte

für Stachelbär- und Himbärtorte.

Wie süß, wie wunderbar, wie lecker!

So schmeichelt er dem Kuchenbäcker.

Der buk darauf noch eine Sorte

wunderbarer Erdbärtorte.*

*Kinder lasst Euch nicht auf den Arm nehmen: Stachelbeere, Himbeere und Erdbeere schreibt man selbstverständlich mit ee!

OCHSE *Ochse* Ochse **OCHSE** OCHSE

Ein **Ochse** aus dem Dörfchen Hogen,

der konnte fliegen. Ungelogen!

Und kam der Metzger, schrie er Muh!

und flog aufs nächste Kirchdach zu.

Gut, dass nicht alle Ochsen fliegen!

Wie sollten wir sonst Rumpsteaks kriegen?

Was käm' im Sommer auf den Grill,

wenn jeder Ochse fliegen will?

PANTHER Panther *PANTHER*

Ein **Panther**, rabenschwarz und glatt,

war noch vom Mittagessen satt,

konnt' drum den Jägern nicht entlaufen,

denn er musste erst verschnaufen,

lag da ganz müde und verdrossen,

da haben sie ihn totgeschossen.

Man sieht: 'nen allzu vollen Magen

kann auch ein Panther nicht vertragen!

QUALLE Qualle Qualle Qualle

An dem Strand von Westerland

lag eine **Qualle** auf dem Sand.

Oh, wär' sie doch im Meer geblieben,

im Meer, das alle Quallen lieben!

Die Sonne schien, ihr wurde warm.

Ach, dachte sie, wie bin ich arm!

Und nach drei Tagen war die Qualle –

Na, was denn wohl? - da war sie alle.

REH Rehbock **REH** Reh REHBOCK

Ein **Rehbock** mit 'nem roten Fell

rannt' immer ganz besonders schnell,

wenn Jäger durch die Wälder reiten,

kam trotzdem oft in Schwierigkeiten,

weil man ihn schon von fern entdeckte

und ihn mit lauten Schüssen schreckte.

Will nun, auch wenn die Jäger fluchen,

es mit der Farbe Grün versuchen.

Mit grünem Fell im grünen Wald,

ich glaube, damit wird er alt!

SCHAF SCHAF Schaf SCHAF Schaf

Auf einer Wiese stand ein **Schaf**,

es stand dort still und stumm und brav.

Es war auch irgendwie nicht schön,

nicht so, wie Schafe sonst aussehn:

Sein Kopf war gelb, der Körper rot,

es stand so da, als wär es tot.

Und nie sah jemand, dass es rennt.

Kein Wunder – es war aus Zement!

TAUBE TAUBE TAUBE Taube

Eine **Taube** aus dem Prater

war gut Freund mit einem Kater.

Immer wenn der Kater schnurrte,

war sie in seiner Näh' und gurrte.

Doch einmal kam sie ihm zu nah,

nun ja, jetzt ist sie nicht mehr da.

Ob Taube, Hase oder Maus –

sucht mit Verstand den Freund euch aus!

Traut keinem, der viel größer ist,

weil er euch reinlegt oder frisst!

UHU Uhu UHU UHU UHU UHU

Den **Uhu**, der im Astloch saß

und einen alten Käse fraß,

den fragt ein unverschämter Rabe:

Warum denn Käse, alter Knabe?

Sonst frisst du Mäuse und so Sachen.

Da muss der Uhu herzlich lachen:

„Oft kann ich mich an Gutem weiden,

doch manchmal muss man sich bescheiden,

und ist mein Tisch mal schlecht gedeckt,

mir auch ein alter Käse schmeckt!“

VOGEL Vogel VOGEL *Vogel* VOGEL

Im Stadtpark von Bad Ungelogen

kam oft ein **Vogel** angeflogen,

der sang auf einer von zwei Eichen

ein traurig Lied zum Steinerweichen.

Die Badegäste hörten das

und weinten sich die Hemden nass.

Der Vogel sang, sie schluchzten bang,

doch hob der Sänger sein Gefieder,

dann lachten alle Leute wieder.

Wolf WOLF WOLF Wolf WOLF Wolf

Ein **Wolf** hatte vom Fuchs gehört,

dass man in Schulen vieles lehrt,

dass man dort rechnet, liest und singt,

es schließlich zum Professor bringt.

Drauf läuft der Wolf zur Schule schnell,

doch hetzt man ihm den Hund aufs Fell.

Da hinkt er ins Versteck zurück

und denkt: Das Lernen bringt kein Glück!

Ich halte mich von Menschen fern,

die haben Wölfe nicht so gern!

XULK XULK Xulk XULK Xulk XULK

Bei einem Teller Apfelbier

sah ich im Geist ein seltsam Tier.

Man sieht den **Xulk** nur in Ausnahmefällen,

wenn Hunde krähn und Hähne bellen,

bei warmem Eis und kalter Hitze,

dann sitzt er auf der Nasenspitze,

dann krabbelt er durch dein Gesicht.

Er ist ein ziemlich kleiner Wicht!

Ich hab' ihn oft im Traum gesehn.

Glaubst du mir nicht? Das ist nicht schön!

YRPSEL YRPSEL Yrpsel Yrpsel Yrpsel

Der **Yrpsel**, den ich jüngst erfunden,

der lebte leider nur zwei Stunden.

Er war langkurz, großklein, helldunkel,

hatte im Auge Goldgefunkel,

trug Federn, Schuppen und auch Haar.

Jetzt ist er fort auf immerdar.

Er war ein wirklich schönes Tier!

Ach, warum blieb er nicht bei mir?

Warum muss auch das Schöne gehn?

Ich wird' das niemals ganz verstehn!

ZEBRA ZEBRA Zebra Zebra

Ein **Zebra**, eins mit rosa Tupfen,

litt einmal unter starkem Schnupfen,

wobei nach jedem lauten Niesen

ein Tupfen niederfiel zur Wiesen.

Und weil der Schnupfen war so schwer,

hat es nun keine Tupfen mehr.

Jetzt hat es wieder schwarze Streifen.

Das kann es selber kaum begreifen!

Doch merkt's, dass es 'nen Vorteil gibt:

Gestreift wird es jetzt mehr geliebt!